Construção de uma

Pirâmide

David Macaulay

Construção de uma

Pirâmide

Martins Fontes

Título original: PYRAMID

1ª edição brasileira: agosto de 1988

Tradução: Denise Radanovic Vieira
Coordenação da tradução: Mario Laranjeira, Alain Mouzat
Revisão da tradução: Marina Appenzeller
Revisão tipográfica: Coordenação de Maurício Balthazar Leal

Produção gráfica: Geraldo Alves
Composição: Oswaldo Voivodic
Ademilde L. da Silva
Arte-final: Moacir K. Matsusaki

Os egípcios da Antigüidade, em sua maioria camponeses, tinham uma vida relativamente simples. Durante oito ou dez meses por ano, os agricultores cultivavam pequenas faixas de terra às margens do Nilo. Ali plantavam frutas, legumes, trigo e cevada. Os criadores, menos numerosos, cuidavam dos rebanhos de cabras, bois ou carneiros. A alimentação cotidiana, o pagamento dos impostos e a acumulação de reservas para subsistir durante a enchente do rio constituíam a essência de suas preocupações. Todo ano, entre julho e novembro, as águas do Nilo subiam e inundavam a maior parte dos campos. No final do verão, as águas se retiravam, deixando atrás de si uma nova camada de limo fértil.

Entre o ano 3.000 e o ano 1.000 antes de nossa era, o país foi governado por uma série ininterrupta de reis: os faraós. Sob suas ordens encontravam-se os membros da corte, os governadores das províncias, ou nomarcas, e os chefes do exército. Os sacerdotes e as sacerdotisas, que celebravam as cerimônias religiosas e se consagravam às inúmeras divindades adoradas pelos egípcios, serviam igualmente ao faraó.

O Egito fértil era formado por duas estreitas faixas de terra que ladeavam as margens do Nilo desde Assuã, ao sul, até o Delta, ao norte. A leste e a oeste do rio, estendiam-se imensos desertos. A configuração geográfica do país atribuía um papel preponderante ao rio. Este garantia uma via de comunicação eficaz através de todo o reino e permitia que o faraó e o seu exército controlassem o conjunto do território sem muitas dificuldades.

A morte, no antigo Egito, era considerada o princípio de uma segunda vida no além-túmulo. Mediante algumas precauções, essa vida poderia durar eternamente. Como a existência terrena era relativamente curta, os egípcios construíam suas casas em barro. Mas erguiam seus túmulos em pedra, pois a nova vida após a morte era eterna.

Os egípcios acreditavam que, além de seu corpo, cada ser humano possuía uma alma — o ba — e um duplo imaterial — o ka. Quando o corpo morria, seu ba continuava a viver aqui embaixo, na terra, durante o dia. À noite, repousava junto ao corpo. Ao contrário, o ka viajava todo o tempo entre a terra e o outro mundo. A vida eterna só seria possível se o ba e o ka conseguissem identificar o corpo ao qual pertenciam. Por isso, era necessário preservar os cadáveres pela mumificação.

O túmulo no qual o corpo era colocado desempenhava uma dupla função. Deveria protegê-lo das intempéries e mantê-lo fora do alcance dos ladrões, que poderiam ser atraídos pelo ouro e os objetos preciosos dispostos no interior e no exterior do ataúde. Além disso, deveria servir de morada ao ka. Quanto mais elevada a posição social do defunto, mais amplo era seu túmulo. Como, por ocasião de sua morte, os faraós se tornavam deuses, seus túmulos eram os maiores e os mais ricamente ornamentados.

Entre 2.700 e 2.200, os túmulos reais eram rodeados por um conjunto de templos e de túmulos menores chamados mastabas. A câmara funerária do soberano era protegida por uma montanha de pedras erguida por seus subordinados: a pirâmide. Suas quatro faces triangulares, reunidas em seu ápice, representavam os raios do sol brilhando sobre o faraó e unindo-o diretamente, por toda a eternidade, a Rá, o deus-sol. Um templo, que compreendia uma porta falsa para dar passagem ao ka, era construído na face leste da pirâmide. Todas as necrópoles situavam-se na margem ocidental do Nilo, pois é a oeste que o sol se põe começando sua viagem noturna pelo outro mundo — a mesma viagem que o ka deveria efetuar.

Essa pirâmide, cercada de templos e de túmulos, cuja história vamos contar, é imaginária. Entretanto, ela se parece muito com as pirâmides e os vestígios de templos que são atualmente encontrados no Egito. Admite-se geralmente que no decorrer de sua construção, eram utilizadas rampas de terra, mas as opiniões quanto à posição dessas rampas em relação à pirâmide divergem. Recorremos aos dois procedimentos mais comumente empregados, uma vez que ambos se justificam. Embora não tenham conseguido impedir o acesso dos ladrões a suas câmaras funerárias, as pirâmides tornaram seus criadores imortais. E continuam a homenagear aqueles que com tanta habilidade souberam coordenar os esforços de milhares de homens e que tentaram negar o caráter irrevogável da morte e os limites do tempo, deixando uma obra eterna para a posteridade.

No ano 2.470 antes de nossa era, um novo faraó do Alto e

Baixo Egito foi coroado em Mênfis, cidade onde reinaria por trinta e um anos. Os soberanos que o haviam precedido, inclusive seu próprio pai, haviam estabelecido a supremacia do Egito sobre os povos vizinhos. A onipotência militar e espiritual do faraó em seu reino era incontestável. Seus soldados percorriam todo o curso do Nilo para coletar impostos e supervisionar de perto os governos locais.

Nos dois primeiros anos de seu reinado, o faraó começou a se preparar para o fim de sua vida terrestre e o começo de sua vida eterna na qualidade de deus. Por isso encarregou Mahnud

Hotep, seu arquiteto e melhor amigo, de construir-lhe um túmulo que desafiasse a eternidade.

Antes mesmo de concluídos os projetos, foi escolhido um local na margem ocidental do Nilo. Era um grande planalto que dominava o vale. Alguns quilômetros ao sul, elevava-se a grande necrópole de Gizé, onde se erguiam as pirâmides dos três últimos faraós. Por respeito a seu ancestral Quéfren, que mandara erigir a mais alta dessas pirâmides, o faraó decretou que a sua não ultrapassaria 285 côvados, seis a menos que a de Quéfren. Entretanto, compensou essa modéstia escolhendo um sítio doze côvados mais elevado que o planalto de Gizé.

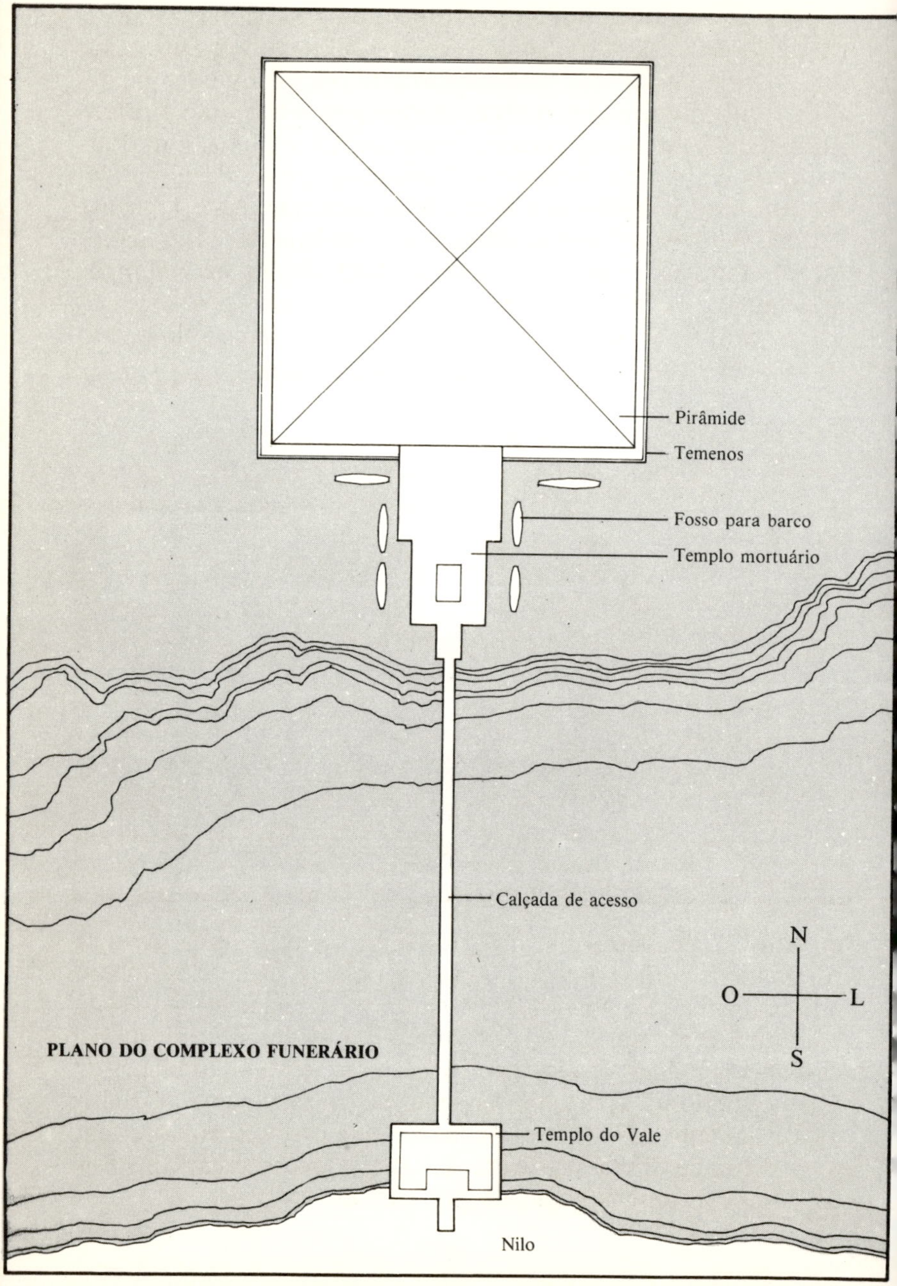
Pirâmide
Temenos
Fosso para barco
Templo mortuário
Calçada de acesso
N
O
L
S
PLANO DO COMPLEXO FUNERÁRIO
Templo do Vale
Nilo

Em menos de dois meses, o projeto de um complexo funerário análogo ao de Gizé foi concluído e submetido à aprovação do faraó. A construção mais importante era a pirâmide que deveria recobrir o túmulo. A leste, encontrava-se o templo mortuário, onde o ka do faraó poderia repousar de vez em quando. Partindo do templo mortuário e circundando a base da pirâmide, erguia-se uma muralha, o temenos. Mais além, para leste, erguia-se o Templo do Vale. Esses dois templos eram ligados por uma passagem coberta, a calçada de acesso. Grandes fossos oblongos destinavam-se a abrigar os barcos funerários do faraó.

A própria pirâmide era composta de três partes. No centro

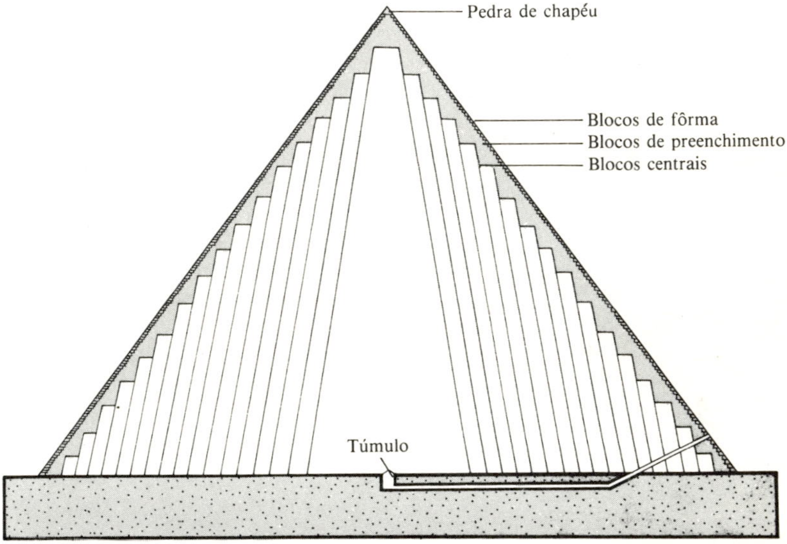

do edifício, encontrava-se o núcleo central, em degraus. Apenas os blocos de paramento de cada um dos planos inclinados tinham um acabamento cuidadoso. Em seguida, vinham os blocos de preenchimento, apoiados nos degraus do núcleo central, minuciosamente talhados e ajustados. Finalmente vinham os blocos de fôrma exteriores, aplicados contra os de preenchimento. Os últimos eram talhados com um cuidado e uma precisão extremos em uma pedra de ótima qualidade. Essas três partes eram construídas simultaneamente, camada por camada.

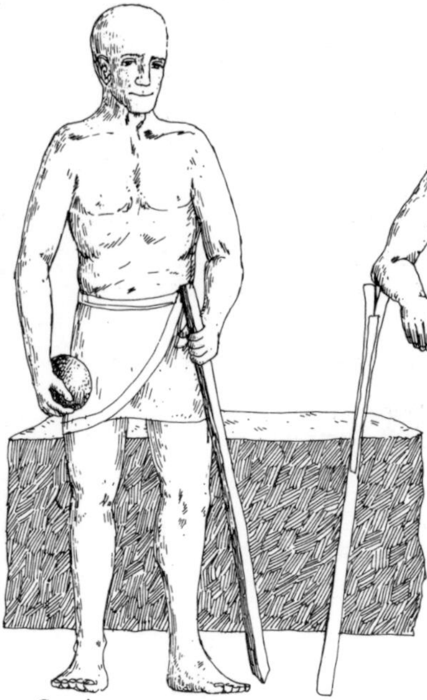
Canteiro

Supervisor agrimensor

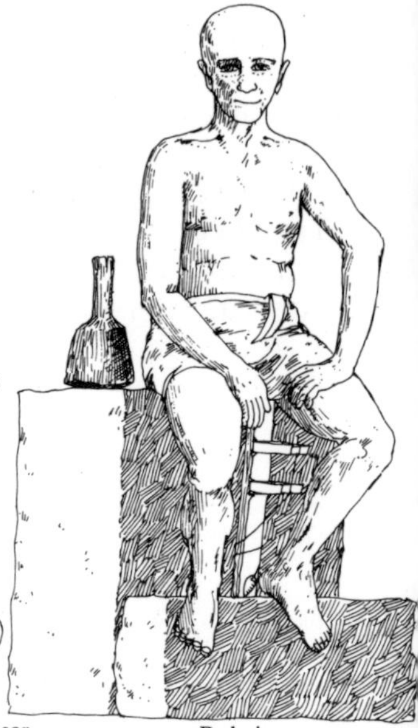
Pedreiro

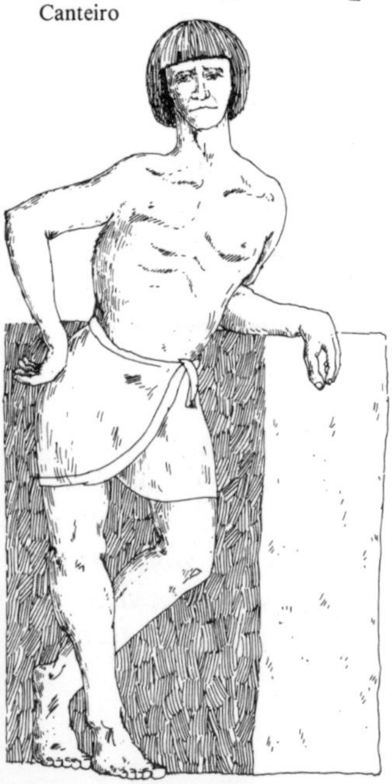
Mestre de Obras

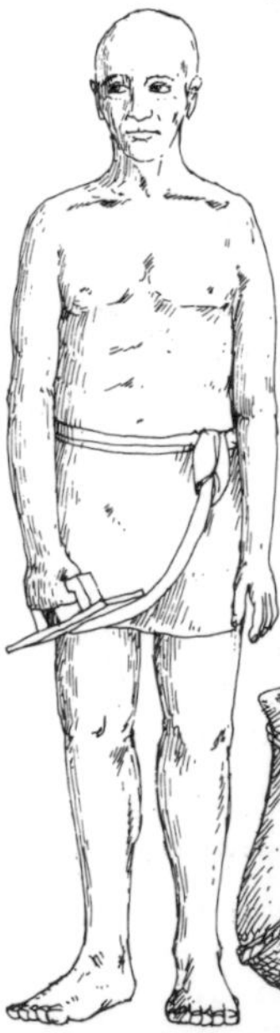
Argamassador

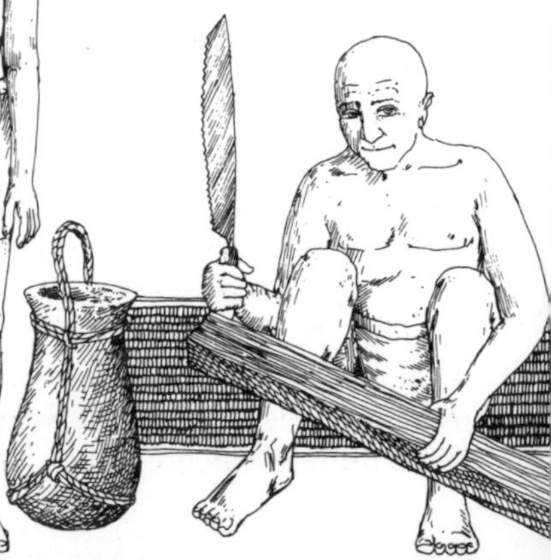
Carpinteiro

Enquanto o arquiteto elaborava seus projetos, vários milhares de homens — entre os quais canteiros, pedreiros, agrimensores, argamassadores, carpinteiros e artesãos de toda espécie — foram levados ao local. Como trabalhariam durante todo o ano, quer no próprio local do conjunto funerário, quer nas pedreiras, tiveram, primeiramente, de construir seus barracões e suas oficinas. Além disso, todo ano, de julho a novembro, quando os campos eram inundados tornando qualquer cultura impossível, um efetivo de mais de cinqüenta mil homens — em sua maioria camponeses — era destacado para auxiliá-los. Eram reunidos em equipes de vinte e cinco homens comandados por um soldado. Transportavam os blocos de pedra das pedreiras até o local da construção. Todos os operários recebiam como pagamento roupas e alimentos.

Cinzéis
Maço
Esfera de dolerite
Pedra para polir
Trolha
Martelo
Nível
Esquadro

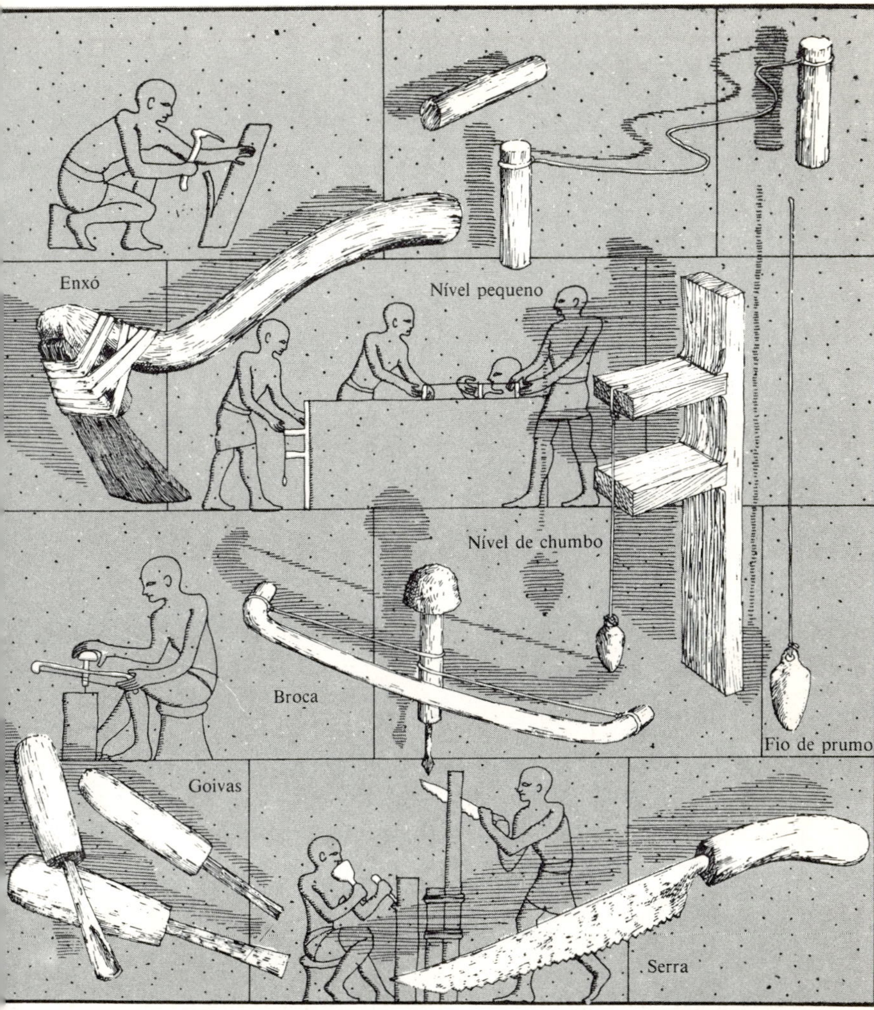

A maior parte das ferramentas utilizadas para talhar a pedra eram de cobre ou feitas de uma pedra extremamente dura: a dolerite. Os cabos dessas ferramentas e a maioria dos instrumentos de medição eram de madeira. Tanto nas pedreiras quanto no local da construção, os operários jamais cessavam de amolar as ferramentas desgastadas e esculpir ferramentas novas.

Assim que o projeto foi aprovado, Mahnud Hotep mandou limpar o terreno da areia e do cascalho que o recobriam para desobstruir a plataforma rochosa sobre a qual seriam realizadas as edificações.

Ao mesmo tempo, os escribas prepararam a lista das pedras necessárias para as obras, especificando sua quantidade e as dimensões exigidas por cada bloco. Cópias dessa lista foram enviadas às pedreiras e foi dada a ordem de começar os trabalhos. O material utilizado para a pirâmide era principalmente o calcário, abundante na região. Mas, quanto às pedras mais bonitas e de melhor qualidade, foram exploradas as pedreiras de Tura, do outro lado do rio. Durante a enchente, a largura do rio permitia que se efetuasse o transporte dos blocos mais pesados por barco na quase totalidade do percurso.

Para extrair o calcário mais fino, era necessário escavar imensas galerias nas falésias. Algumas colunas de pedra eram ali colocadas para sustentar as abóbadas. Assim que se acabava de talhar um bloco, este era confiado a uma equipe encarregada de seu transporte. Com o auxílio de cordas e de pesadas pranchas que serviam de alavancas, os homens conseguiam fazer o bloco rolar até uma espécie de trenó de madeira sobre o qual o amarra-

vam. Depois, faziam essa espécie de trenó deslizar sobre toras de madeira dispostas na areia, paralelamente à inclinação, para evitar de serem arrastados pelo peso do carregamento.

Cada pedra era marcada com o nome da equipe encarregada de escoltá-la. Assim que chegava ao seu destino, era riscada da lista.

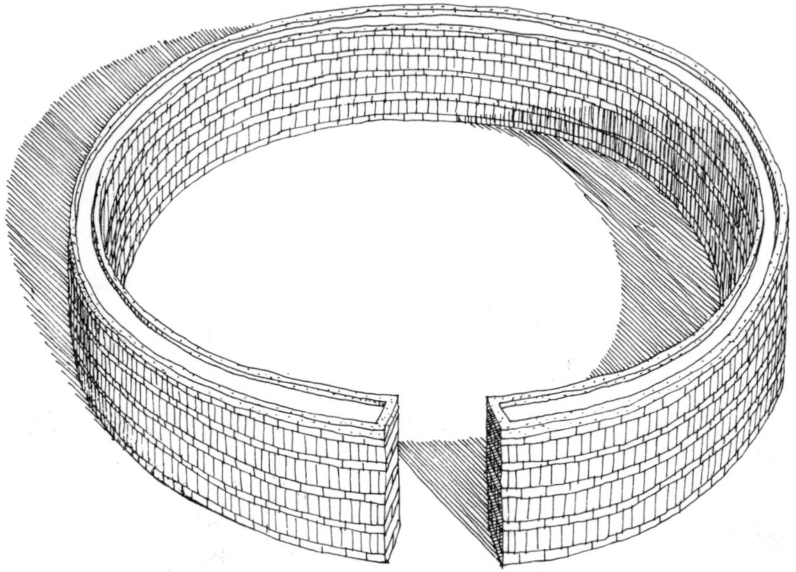

Antes do início dos trabalhos, era necessário determinar com precisão a posição exata do norte para que a pirâmide fosse orientada de modo conveniente. Com esse objetivo, foi construído no centro do terreno um muro circular, alto o suficiente para que não se divisasse as colinas próximas. Seu cimo foi nivelado a partir delas, o que criou uma linha de horizonte perfeita.

Uma noite, um sacerdote colocou-se no meio desse círculo para observar o aparecimento da primeira estrela a leste. Assim que ela ficou visível no nível do muro, ele anotou sua posição. Depois, traçou uma linha reta deste ponto até o centro do círculo. Em seguida, observou o arco descrito pela estrela no céu. No instante em que ela se apagou a oeste e desapareceu atrás do muro, ele levantou sua nova posição. Traçou uma segunda linha deste ponto até o centro do círculo. Como as estrelas parecem girar em torno do pólo norte, os sacerdotes sabiam que uma terceira linha, partindo do centro do círculo e situada a igual distância das duas anteriores, marcaria exatamente o norte.

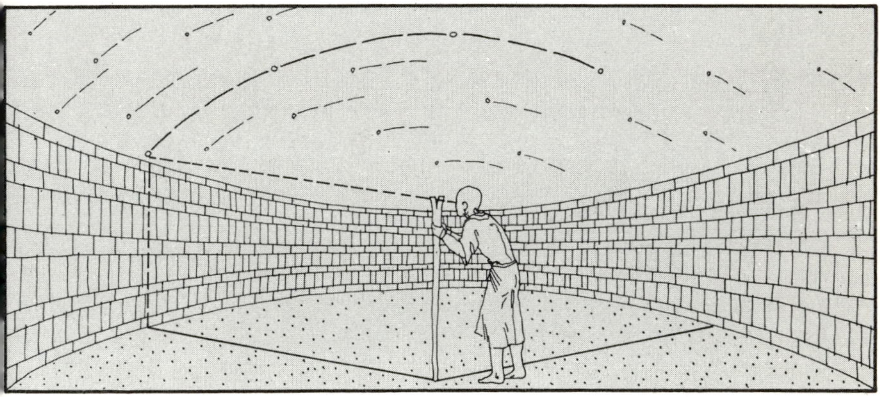

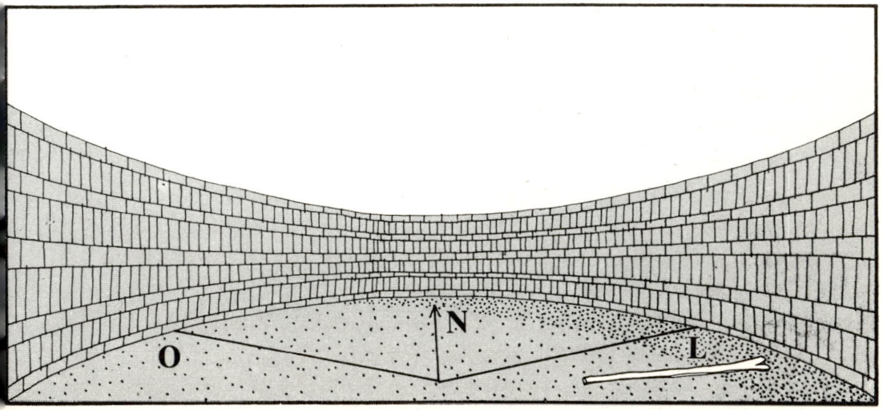
N
O
L

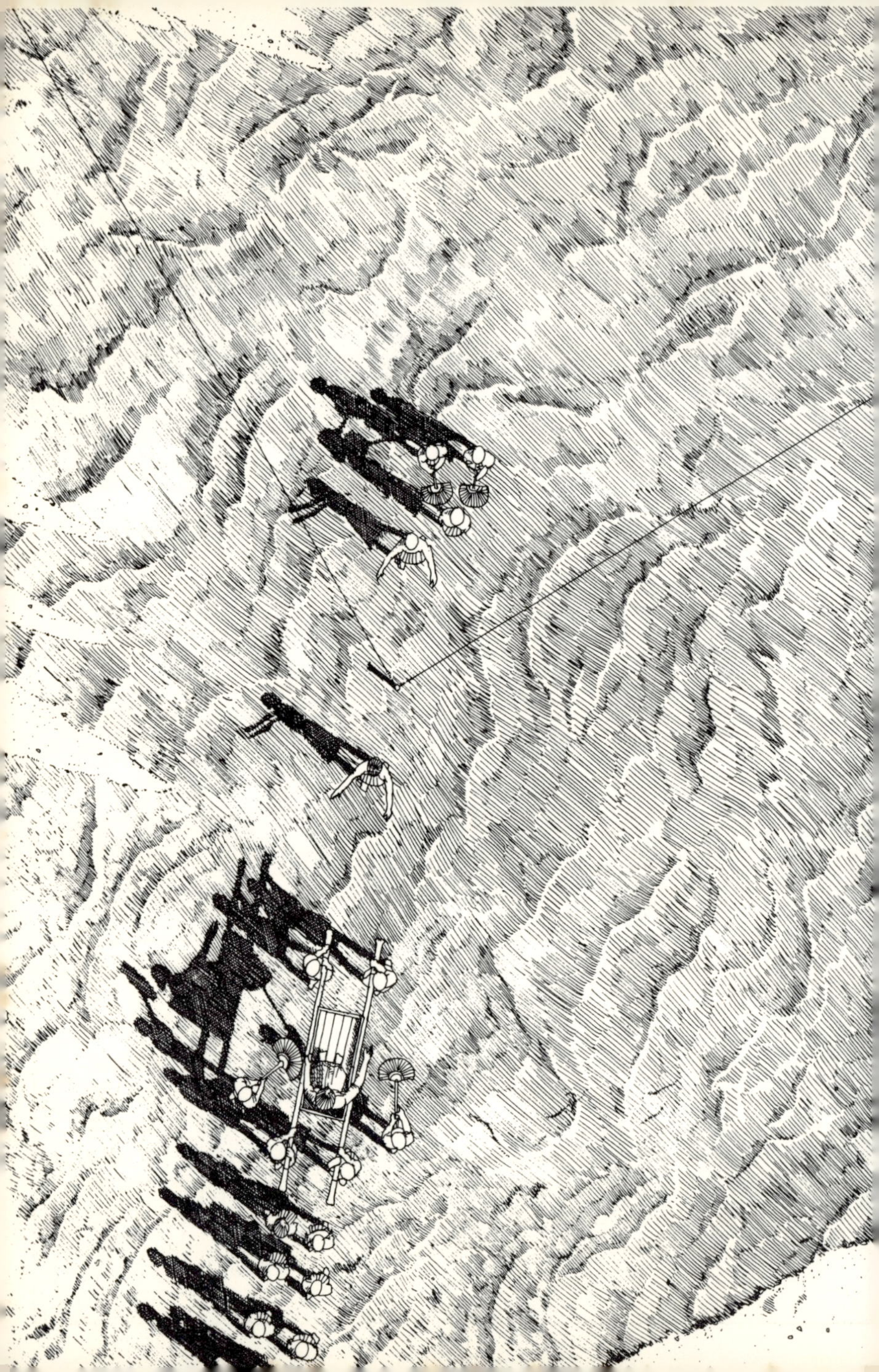

Em novembro de 2.468, Mahnud Hotep e seus agrimensores delimitaram no terreno o local exato da pirâmide. Alguns dias depois, a mesma operação foi simbolicamente repetida pelos sacerdotes na presença do faraó. Cada face da pirâmide deveria medir 450 côvados de base. Algumas estacas de metal fixadas na rocha marcaram os quatro ângulos. Durante duas semanas, foram oferecidos sacrifícios e orações aos deuses a fim de que estes abençoassem os trabalhos.

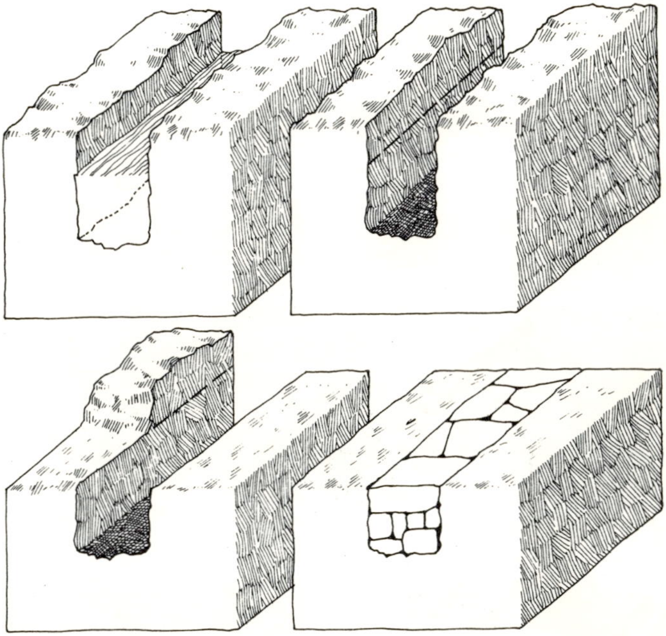

Agora era preciso nivelar o local antes de começar a construção. Encheu-se de água uma rede de valas estreitas, escavada na rocha por toda a plataforma de fundação. Todas as linhas de superfície foram marcadas com um sinal vermelho que serviria de nível, antes que as valas fossem secadas. Os espaços que as separavam umas das outras foram então talhados na altura dos sinais, e os vazios cobertos com pedras.

Nivelou-se igualmente o local do templo mortuário. Ali foi instalada a oficina dos canteiros.

Em seguida, foram construídas as fundações do Templo do Vale e da calçada de acesso. O primeiro serviu de desembarcadouro e a segunda de rampa para arrastar os blocos de pedra.

Enquanto continuavam as operações de nivelamento, começaram as obras da galeria que conduziria ao túmulo. Os operários escavaram uma passagem na rocha, utilizando esferas de dolerite para quebrar a pedra. Foram seguidos por artesãos, munidos de cinzéis, que igualaram cuidadosamente os quatro lados desse conduto que descia em leve declive.

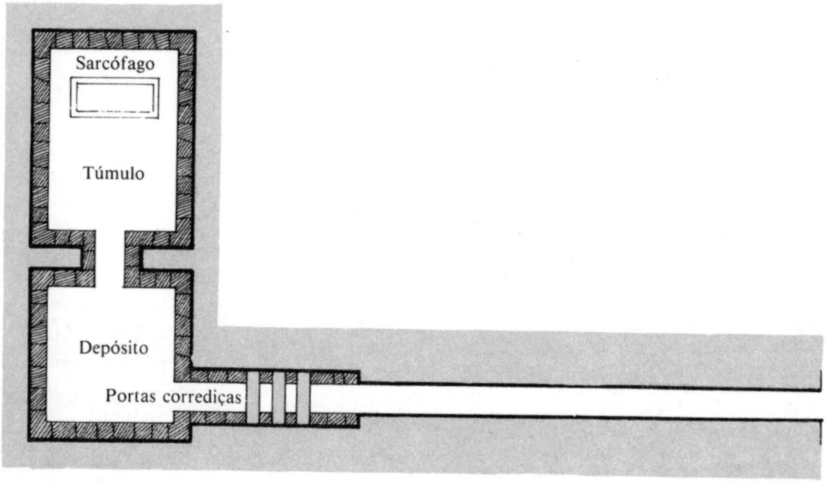

Depois de ter atingido uma profundidade de nove côvados sob a terra, essa passagem continuou a ser escavada horizontalmente. Era um corredor longo e estreito, em cuja extremidade foram talhadas duas câmaras. A primeira destinava-se a abrigar os bens mais preciosos do faraó e a segunda iria servir-lhe de túmulo. Ambas foram talhadas a partir do alto. Mais tarde, deveriam ser cobertas por um teto de lajes de granito maciço. Nas paredes do túnel, foram dispostas largas ranhuras para receber as espessas portas corrediças de granito, destinadas a fechar hermeticamente as duas câmaras após o enterro do soberano.

O interior das câmaras foi revestido de granito. As quinze primeiras camadas do revestimento eram igualmente de granito. A maior parte dessas rochas fora talhada em blocos descobertos em Assuã (a cerca de novecentos quilômetros ao sul) e transportados por barco.

Esses enormes blocos de granito ou de calcário eram rebocados pela calçada de acesso até a área de trabalho. Depois eram transferidos sobre basculadores de madeira, mais fáceis de manejar. A face superior e os lados menores eram aplainados com cinzéis, e cada pedra era numerada segundo a ordem em que seria colocada.

Em setembro de 2.467, concluiu-se o nivelamento do local, e um grande número de blocos estavam prontos para serem colocados. Um após o outro, todos deslizaram sobre toras de madeira até o local aproximado onde deveriam ser definitivamente dispostos. Espalhava-se então uma fina camada de argamassa sobre a base e as extremidades de cada bloco. Em seguida, os trabalhadores retiravam as toras de madeira e faziam o bloco deslizar sobre a argamassa úmida até o seu local exato. Uma fileira de tijolos de calcário talhados com cuidado foi disposta ao redor da pla-

taforma de fundação da pirâmide. Depois, os blocos de revestimento da primeira camada, também em granito, foram colocados em seus lugares.

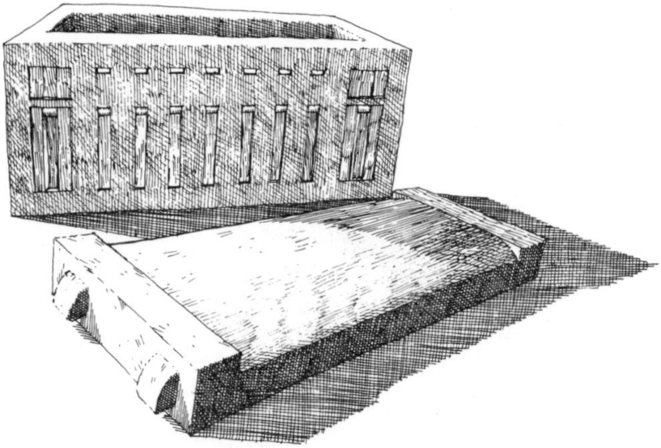

Enquanto se prosseguia a colocação dos blocos de revestimento da segunda camada, começou a preparação do teto das câmaras funerárias. Como o sarcófago (o ataúde exterior) era grande demais para passar pelo túnel, foi necessário colocá-lo na câmara antes de se construir o teto. Em primeiro lugar, os pedreiros ergueram uma parede obstruindo a comunicação entre os dois cômodos. Depois, a câmara de sepultura foi inteiramente preenchida com areia e cascalho. O sarcófago foi colocado no centro desse monte de pedras. Então os operários derrubaram a parede e retiraram pouco a pouco os materiais de preenchimento. Dessa forma, o sarcófago desceu lentamente até o solo sem sofrer qualquer dano.

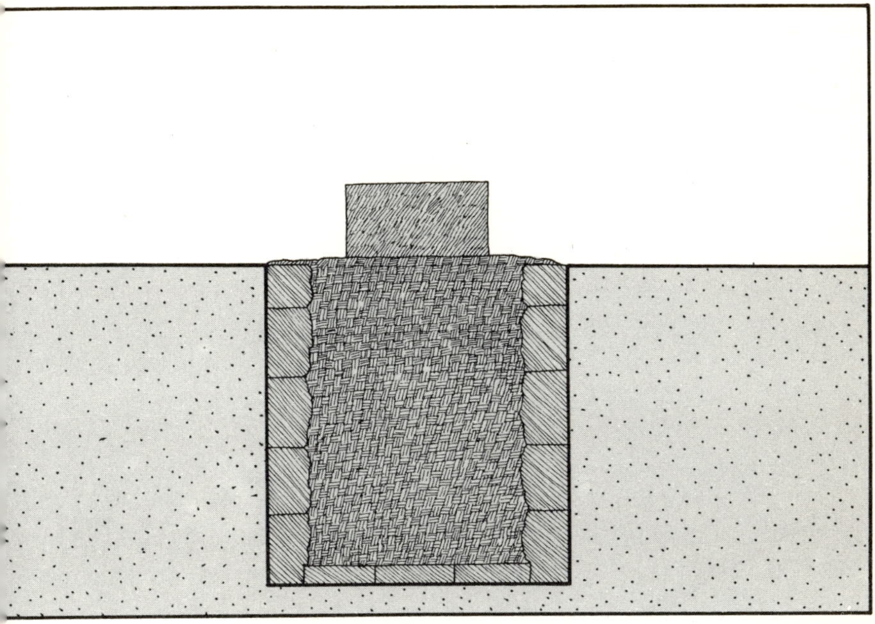

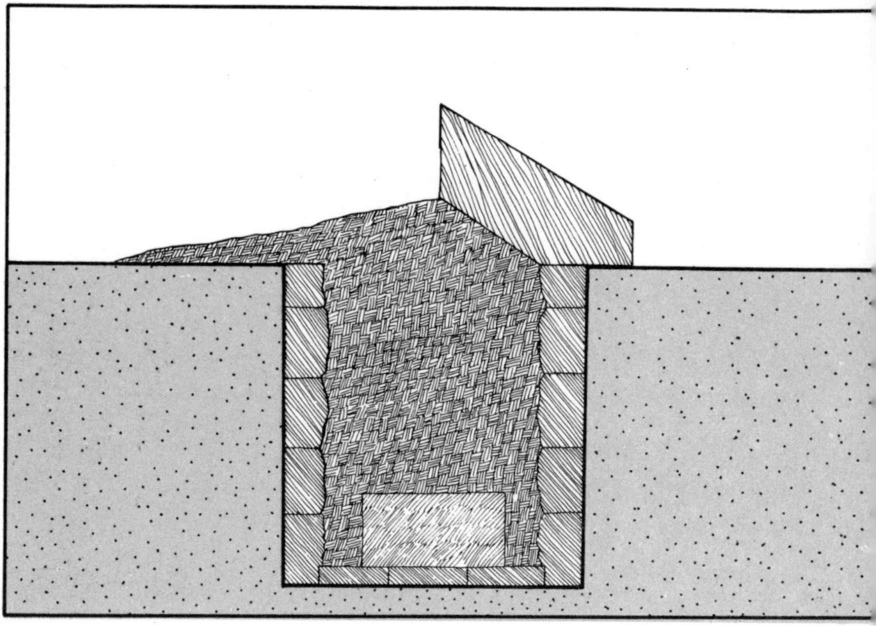

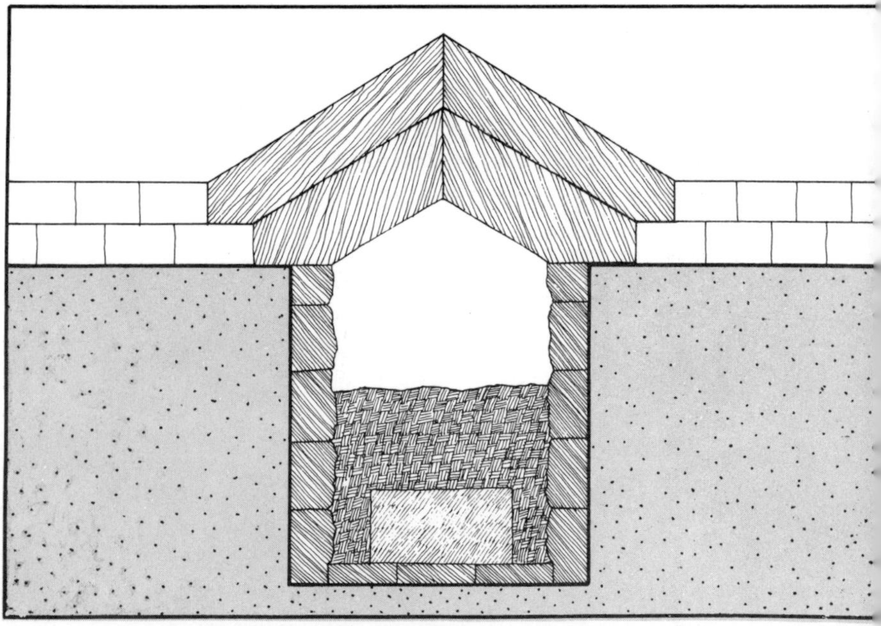

Para a construção do teto, as duas câmaras foram enchidas com terra que transbordasse pelas aberturas. Grandes lajes de granito foram arrumadas sobre esse montículo, formando uma dupla inclinação. Após um minucioso exame do conjunto, a terra foi retirada, desobstruindo o túnel. Os canteiros, muito hábeis, vieram polir o revestimento de granito que recobria o interior das câmaras.

Em seguida, a superfície delimitada pelas pedras de fôrma recebeu os blocos centrais e os blocos de preenchimento. Todos os seus ápices foram nivelados para receber a segunda camada. Alguns supervisores examinavam constantemente os trabalhos, pois uma superfície mal aplainada poderia enfraquecer a pirâmide inteira. No verão seguinte, concluía-se a primeira camada, e todas as pedras necessárias para a segunda estavam no lugar.

Ao contrário dos blocos da primeira camada, que puderam ser colocados sem maiores dificuldades, os blocos das 123 camadas seguintes tiveram de ser içados sobre a anterior antes de poderem ser levados até seu local definitivo. Mahnud Hotep resolveu esse problema construindo rampas de acesso feitas de cascalho misturado à lama extraída do Nilo. Em cada ângulo da pirâmide, começava a ser erguida uma rampa, apoiada nos degraus do revestimento e que atingia progressivamente o nível das ca-

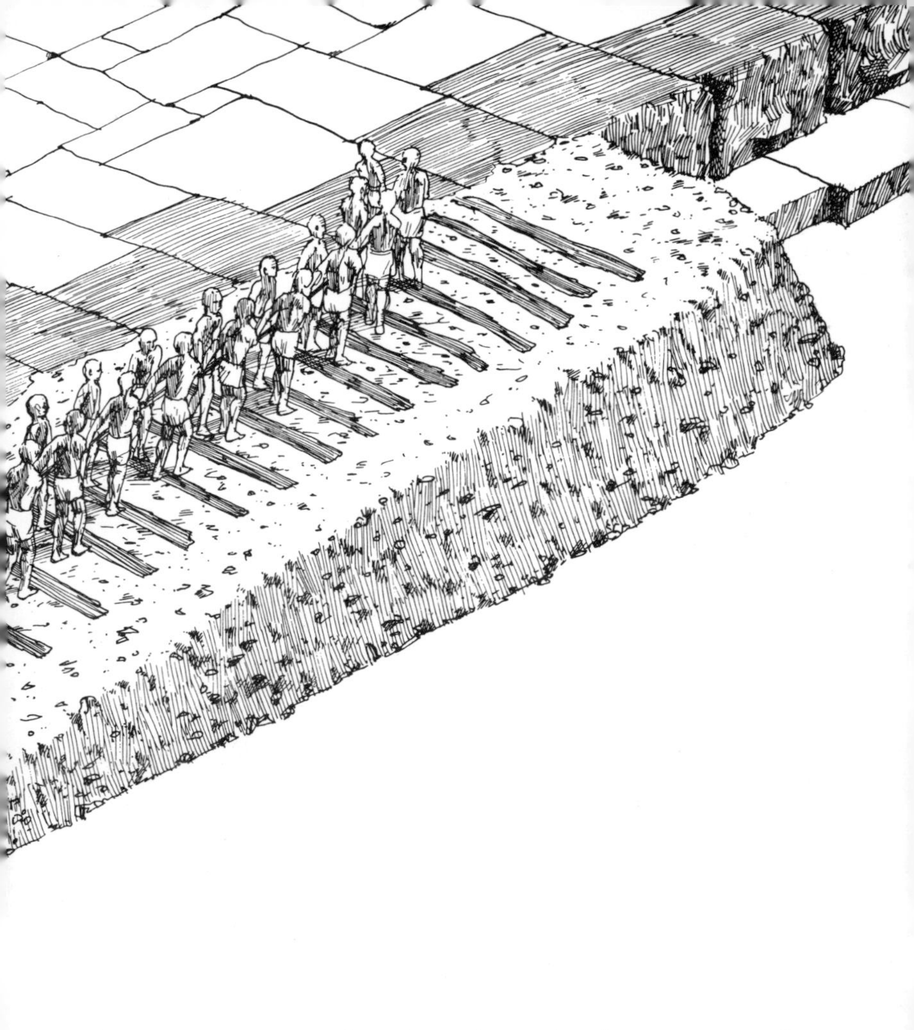

madas que estavam em fase de acabamento. A rampa era reforçada por toras de madeira que atenuavam o atrito dos esquis dos trenós.

Assim que uma camada era concluída, os operários prolongavam a rampa até a camada seguinte. Logo as equipes de trabalho içavam os blocos necessários para a nova camada. Cerca de vinte homens puxavam o trenó, enquanto outros o empurravam com alavancas, ou molhavam o trajeto dos esquis para fazê-los deslizar melhor.

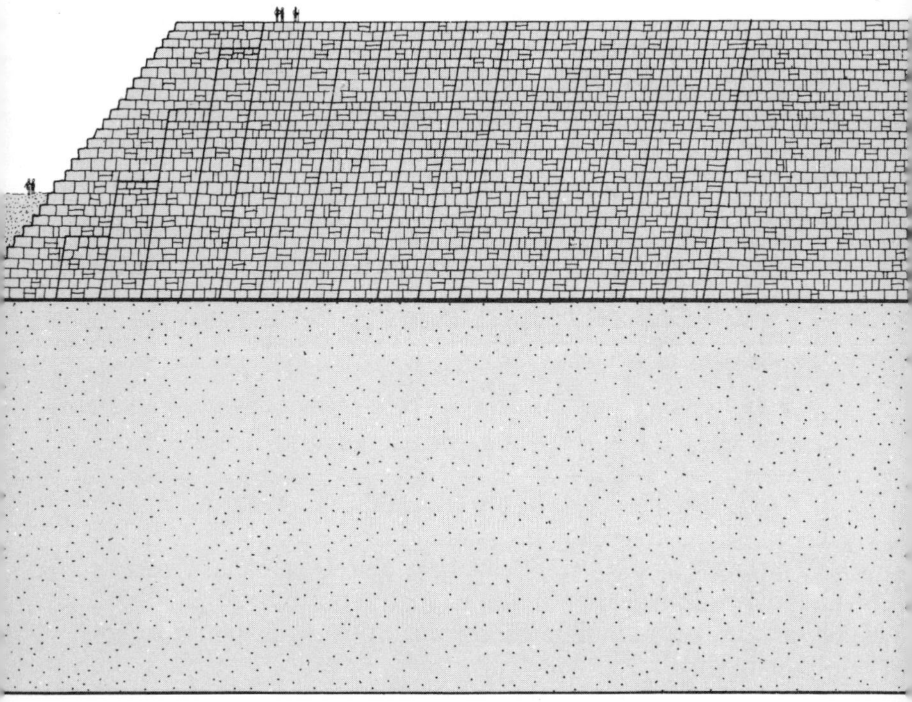

À medida que a base da pirâmide se erguia, o túnel que levava ao túmulo era prolongado. Os blocos que repousavam sobre a abóbada do túnel formavam um duplo declive. Dessa forma, o peso, considerável, das camadas superiores era repartido ao redor do túnel.

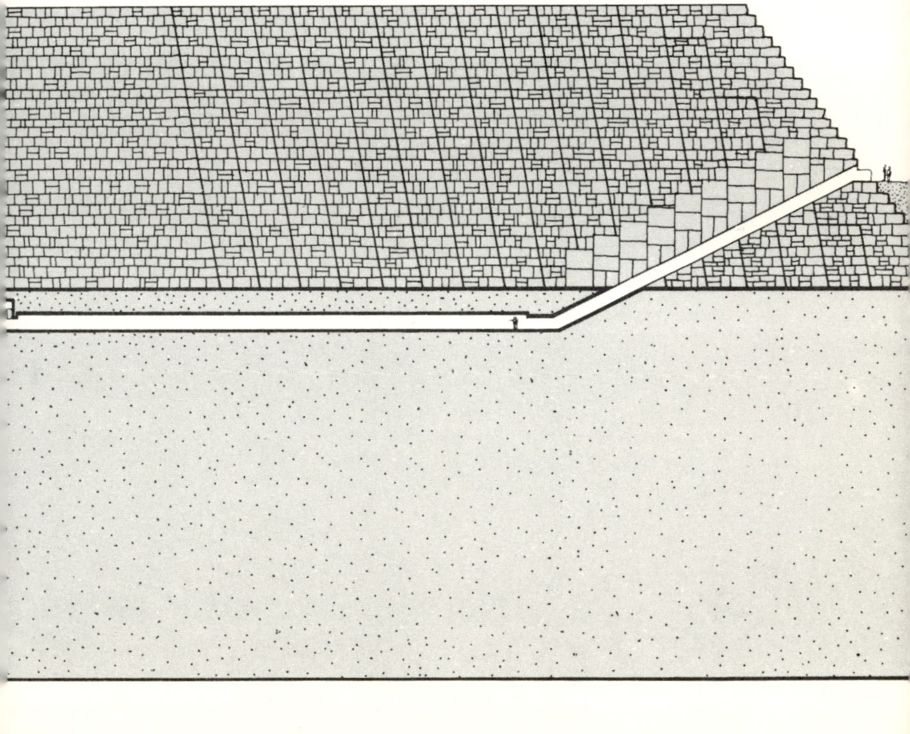

Na primavera de 2.461, o faraó encarregou Mahnud Hotep de construir uma segunda pirâmide — menor do que a sua — para sua esposa. Em algumas semanas, o local foi desobstruído, e a construção do segundo túmulo real pôde começar.

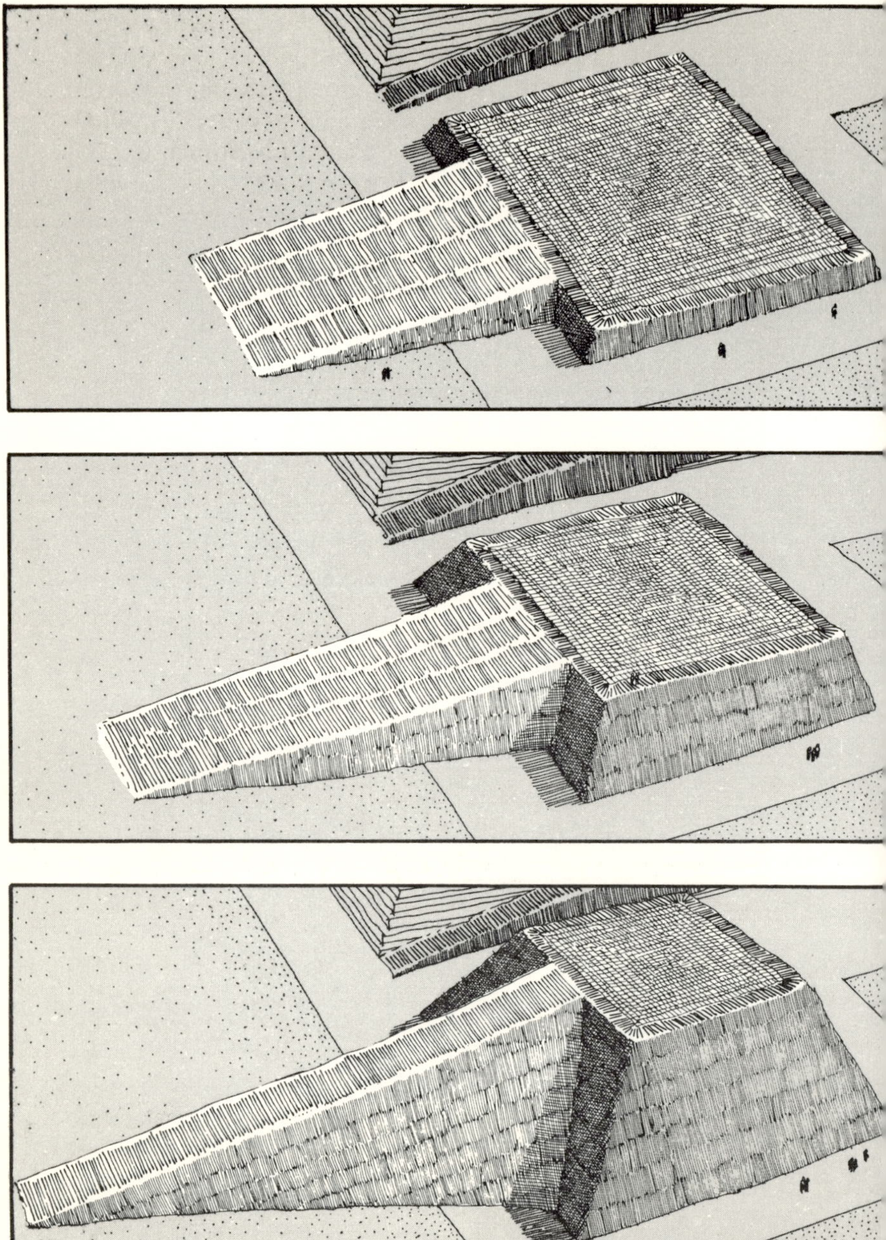

A pirâmide da rainha foi edificada da mesma maneira que a sua vizinha. No entanto, devido a seu tamanho menos imponente, só foi necessária uma rampa, erguida perpendicularmente à face sul. Nas outras três faces, estreitos terraços de cascalho e lama facilitaram o transporte dos blocos de revestimento.

Os supervisores não se limitavam apenas a examinar o nível

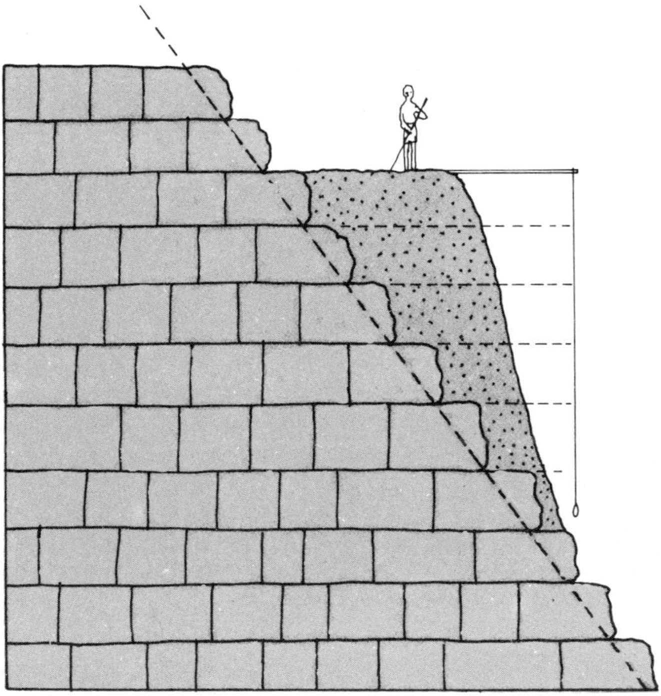

de cada camada. Graças a um fio de prumo, eles se certificavam de que as paredes das duas pirâmides eram erguidas segundo o ângulo previsto. A construção que prosseguia sem interrupção, ano após ano, colocava em evidência os talentos de arquiteto e de organizador de Mahnud Hotep. Desde o início dos trabalhos, ele estabelecera seus projetos para as pedreiras e para o depósito com tanta previdência que cada bloco de pedra foi colocado no lugar dentro do prazo previsto.

No inverno do décimo ano, a base das duas pirâmides podia facilmente ser vista dos campos situados a uma dezena de quilômetros a jusante do Nilo. À noite, enquanto consertavam ou aumentavam suas casas de barro, os camponeses se vangloriavam do tempo passado a serviço do faraó e do número de blocos de pedra transportado por suas equipes durante as cheias. Nem eles nem suas famílias ignoravam o fato de que, sete ou oito meses depois, eles partiriam mais uma vez, talvez para nunca mais voltar. Afinal, os acidentes não eram raros, tendo em vista o peso das pedras. A cada ano, as aldeias perdiam muitos de seus habitantes.

Em julho de 2.457, muitas equipes foram enviadas diretamente às pedreiras de Tura, onde os blocos talhados nos meses anteriores esperavam para serem transportados até o local das obras. Eram as magníficas pedras brancas do revestimento da pirâmide do faraó. Durante os quatorze anos seguintes, diversos barcos carregados de pedras atravessaram o rio, de uma margem à outra do vale inundado. Milhares de blocos, talhados nas dimensões exigidas, foram içados ao longo da calçada de acesso e puxados pelas rampas até seu destino definitivo.

Quando a pirâmide atingiu uma altura de 245 côvados, suas paredes já não eram suficientemente largas para permitir o acesso de quatro rampas. Duas delas foram então abandonadas. Quanto às outras duas, a primeira serviu exclusivamente para a subida dos blocos, e a segunda para a descida dos trenós vazios.

A partir desta fase, a pirâmide passou a crescer mais depressa. Em outubro de 2.442, vinte e seis anos após a apresentação dos projetos de Mahnud Hotep, 124 camadas estavam prontas. O cume, plano, media apenas seis côvados de largura.

No dia primeiro de novembro, foi celebrada uma cerimônia especial em homenagem à chegada da pedra de chapéu. Esse enorme bloco de granito, semelhante a uma pirâmide em tamanho reduzido, devia coroar a última camada. Após um grande número de orações e oferendas, ele foi desembarcado em terra firme e puxado ao longo da calçada de acesso até a base da rampa. Novas orações foram pronunciadas. Depois, os operários começaram sua longa escalada rumo ao pico, puxando a pedra de chapéu. Eram seguidos por outros trabalhadores, munidos de cordas e alavancas. Os últimos seguravam o trenó e evitavam que recuasse enquanto os rebocadores descansavam.

Ao chegar ao topo, a pedra de chapéu foi içada num andaime de madeira. O trenó foi afastado, e a armação de madeira pouco a pouco retirada. O pedaço de granito que se projetava na base da pedra de chapéu encaixou-se delicadamente em uma abertura feita no meio da última camada. Esse procedimento aumentava a estabilidade do conjunto e garantia a localização da pedra de chapéu exatamente em cima do centro da pirâmide.

Quando o último pedaço do andaime foi retirado, a pedra de chapéu estava firmemente ajustada em sua base, e a construção da pirâmide praticamente terminada. Como prova de gratidão, os sacerdotes reuniram-se nas rampas dos dois lados da pedra do cume, queimaram incenso e dirigiram ações de graças aos deuses.

Terminadas as cerimônias, os operários começaram a desmontar as duas últimas rampas. Assim que retiraram cerca de vinte côvados de cascalho e de lama, uma outra equipe armou andaimes de madeira, que sustentavam plataformas de trabalho aplicadas nas porções descobertas da pirâmide. No patamar superior, operários munidos de pedaços de pedra e de pó abrasivo poliram a pedra de chapéu até torná-la perfeitamente lisa e brilhante.

No patamar inferior, outros operários aplainaram com cinzéis os degraus do revestimento. Depois, a equipe de polimento e amoladura lustrou a superfície de forma deslumbrante. A cada vinte côvados de altura polidos, os andaimes eram desmontados e as rampas demolidas para serem reconstruídos vinte côvados abaixo. Então recomeçava o trabalho de polimento. Essas operações se repetiram até que a pirâmide inteira estivesse lisa e brilhante.

No momento da colocação da pedra de chapéu, os blocos necessários à construção da calçada de acesso e dos templos já haviam sido levados ao local e talhados nas dimensões adequadas.

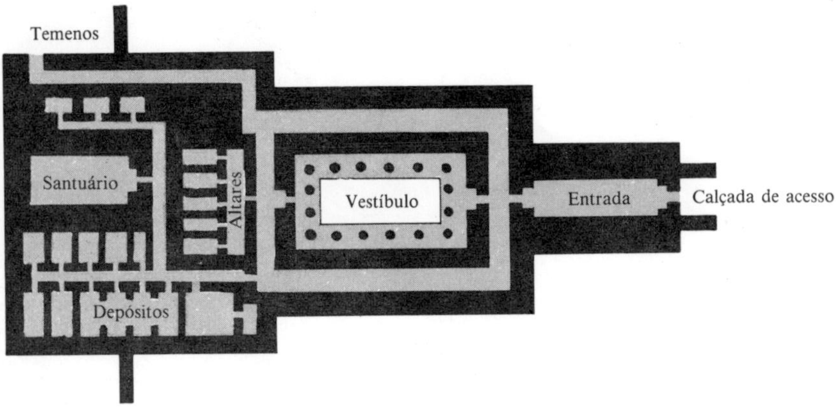

PROJETO DO TEMPLO MORTUÁRIO

O templo mortuário era formado por um vestíbulo, um vasto pátio a céu aberto, cinco altares, um santuário com uma porta falsa e vários depósitos de provisões. Uma passagem conduzia do pátio até o temenos — a alta muralha erguida a 18 côvados da base da pirâmide. Depois que a primeira camada do templo foi colocada, o espaço ao redor da pirâmide foi recoberto de terra. As pedras da segunda camada haviam sido içadas por uma rampa fora do edifício e empurradas para cima desse aterro antes de serem colocadas no lugar. Nessa ocasião, os operários empilharam terra sobre esses novos blocos. Concluídas as paredes centrais, a terra que recobria então o templo inteiro foi retirada. A mesma técnica foi utilizada para construir o revestimento do templo.

Retirado esse aterro, foram erigidas colunas de granito talhadas grosseiramente, destinadas a sustentar o teto. Cada pilar foi colocado por equipes de operários instalados no alto das paredes. Eles puxavam as colunas com cordas, enquanto outros homens as empurravam com alavancas. Quando todas elas estavam na posição adequada, encheu-se novamente o templo de areia, e as lajes dos tetos, através da rampa, vieram encimar as colunas.

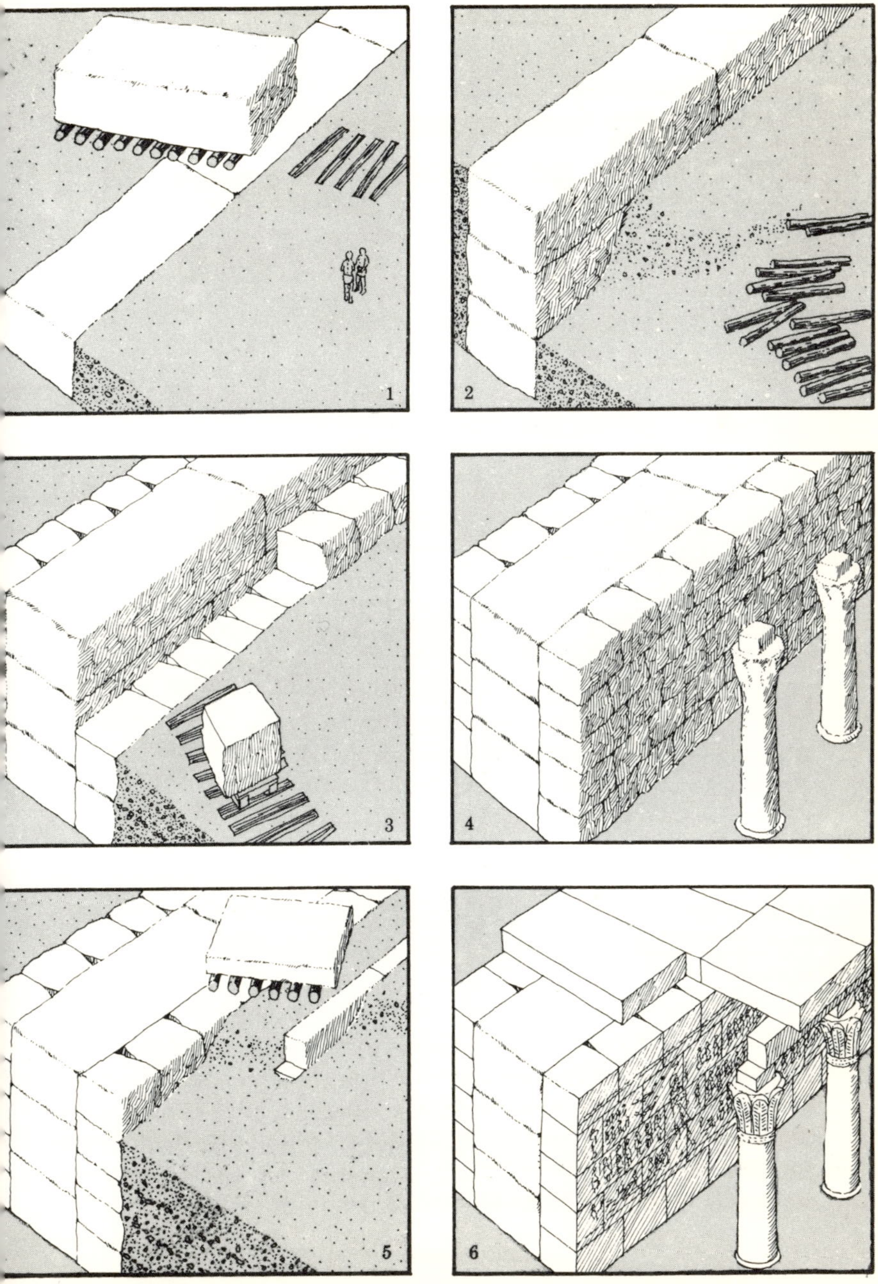
1
2
3
4
5
6

Acabado o teto, o aterro foi progressivamente retirado. Serviu de plataforma de trabalho para hábeis artesãos, que gravaram e pintaram nas paredes vários episódios da viagem do faraó no além-túmulo. Ao mesmo tempo, os escultores terminaram os capitéis que coroavam as colunas. A pavimentação do solo, em alabastro finamente talhado, foi colocada por último.

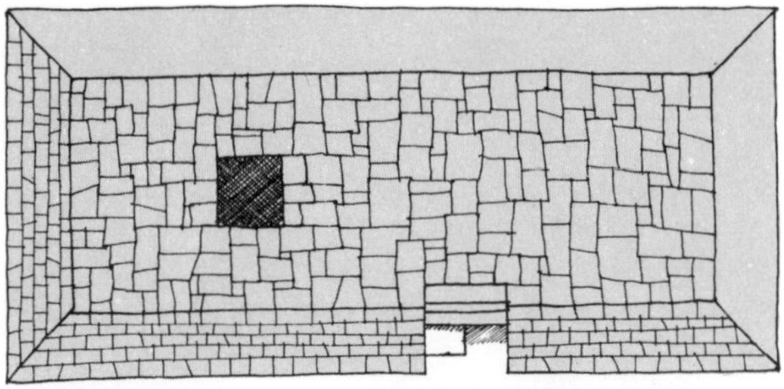

Vista de cima	Entrada da capela

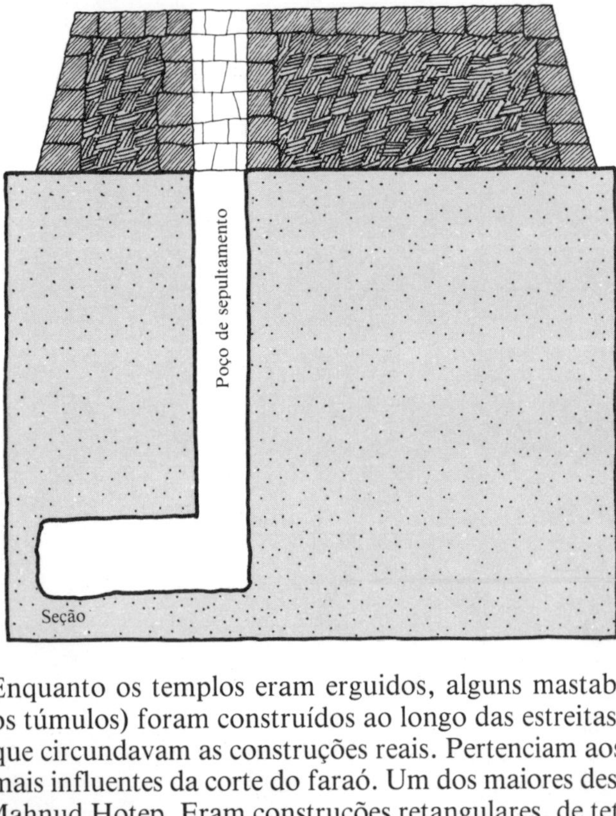

Enquanto os templos eram erguidos, alguns mastabas (pequenos túmulos) foram construídos ao longo das estreitas passagens que circundavam as construções reais. Pertenciam aos membros mais influentes da corte do faraó. Um dos maiores destinava-se a Mahnud Hotep. Eram construções retangulares, de tetos planos e paredes em declive.

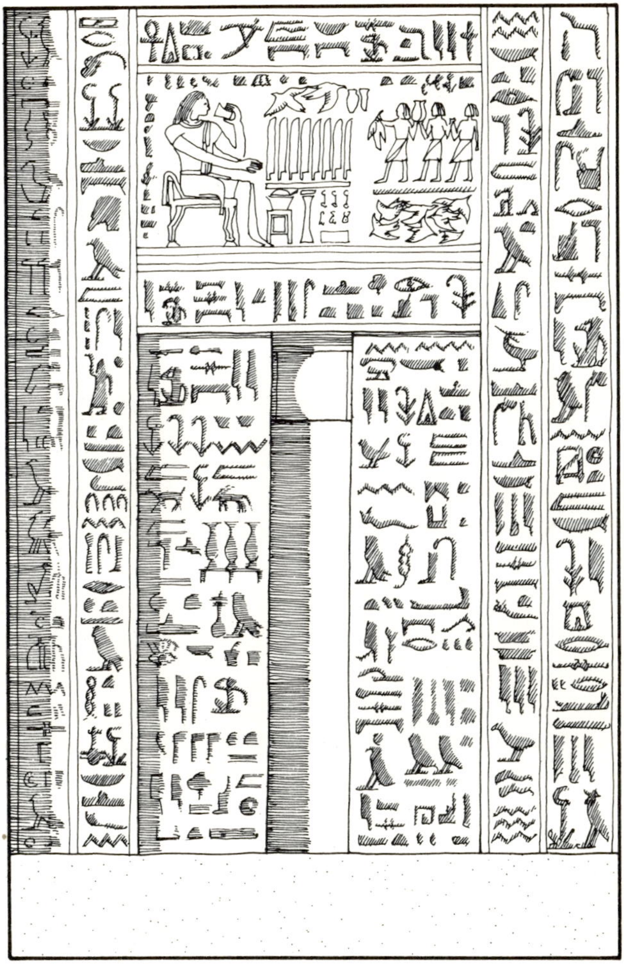

Os corpos eram colocados em uma câmara funerária, situada na extremidade de um poço profundo escavado na rocha sob o mastaba. Cada túmulo continha uma estátua do morto para a qual o ka poderia voltar de vez em quando, assim como uma capela onde se depositariam oferendas. A porta falsa situava-se na parede oeste dessa capela.

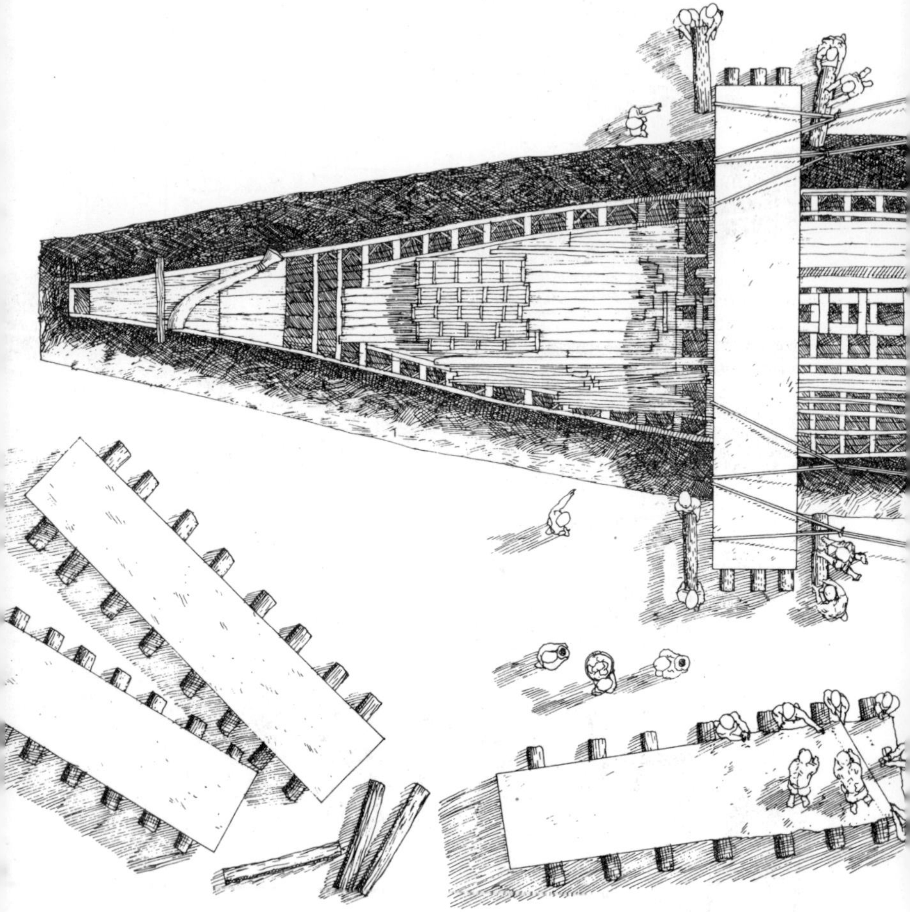

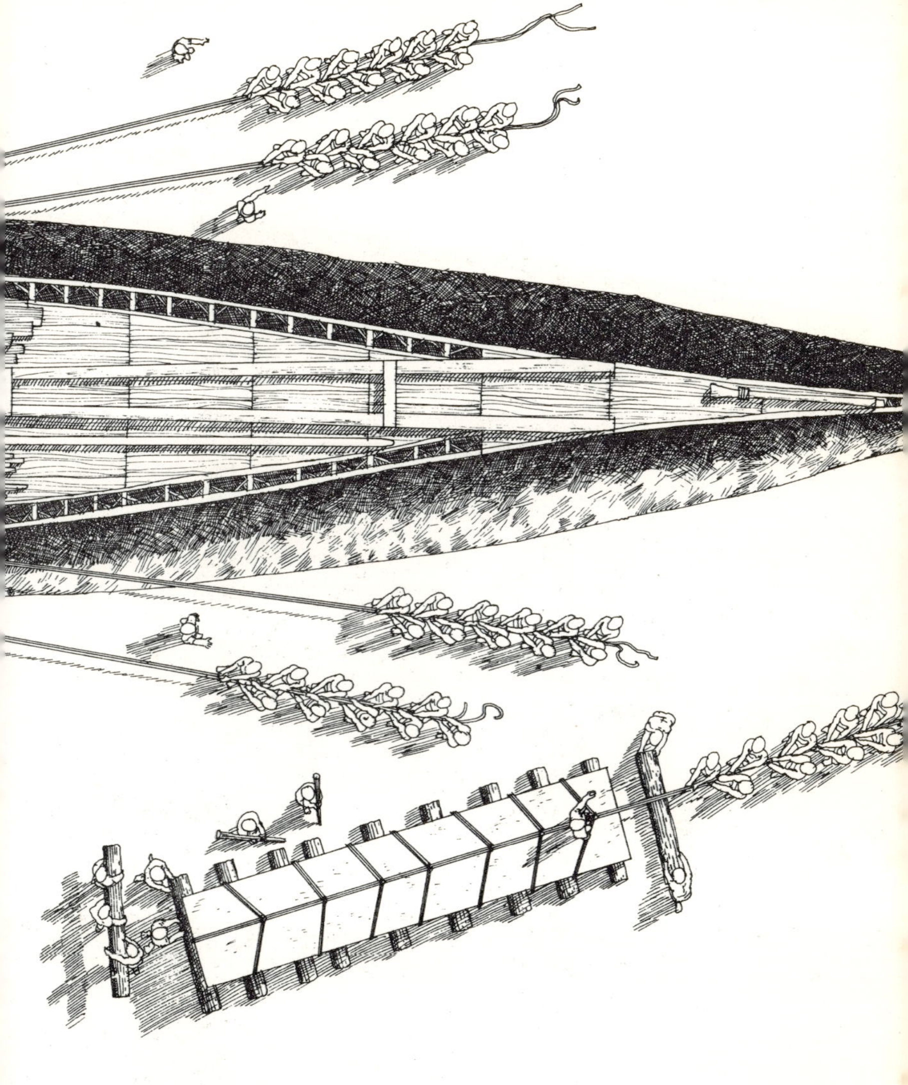

Terminado o templo mortuário, seis fossas oblongas foram escavadas de um lado e de outro. Em cinco delas foram colocados os barcos especialmente construídos para a viagem do faraó pelo outro mundo. Em seguida, foram recobertas por lajes de pedra cujos encaixes foram cuidadosamente rebocados.

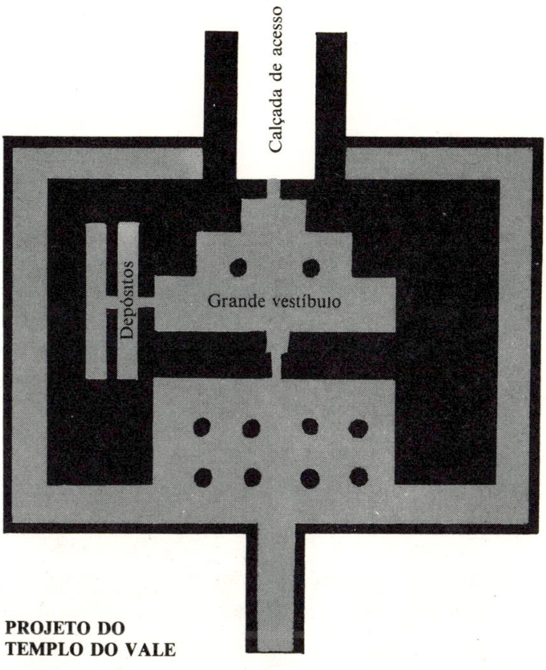

PROJETO DO TEMPLO DO VALE

A calçada de acesso foi então concluída. As paredes foram construídas antes do teto, com a mesma técnica empregada para o templo mortuário. O corredor interno media 5 côvados de largura e 6 de altura. Era iluminado por frestas talhadas na abóbada. As paredes haviam sido ornadas com baixos-relevos pintados, que representavam as explorações — reais ou imaginárias — do faraó.

O Templo do Vale foi edificado da mesma maneira, e concluído por último. Comportava um grandioso vestíbulo e vários pequenos depósitos de provisões. Estátuas de pedra com a efígie do faraó, esculpidas na oficina ao lado da pirâmide, foram dispostas ao redor do vestíbulo. Os operários pavimentavam o solo com lajes de alabastro quando, na primavera de 2.439, o faraó morreu.

Seu corpo foi colocado a bordo do barco sagrado, preparado para a última viagem real. Milhares de espectadores aglomeravam-se nas margens do Nilo para ver passar a procissão fúnebre. A família do faraó, a rainha e seu filho, herdeiro de seu trono, seguiam em outro barco. Depois vinham os barcos de seus amigos e dos carpideiros. Os altos sacerdotes esperavam o cortejo diante do Templo do Vale. Quando o corpo do faraó foi colocado no templo, o barco real foi cuidadosamente desmontado e depositado na última fossa.

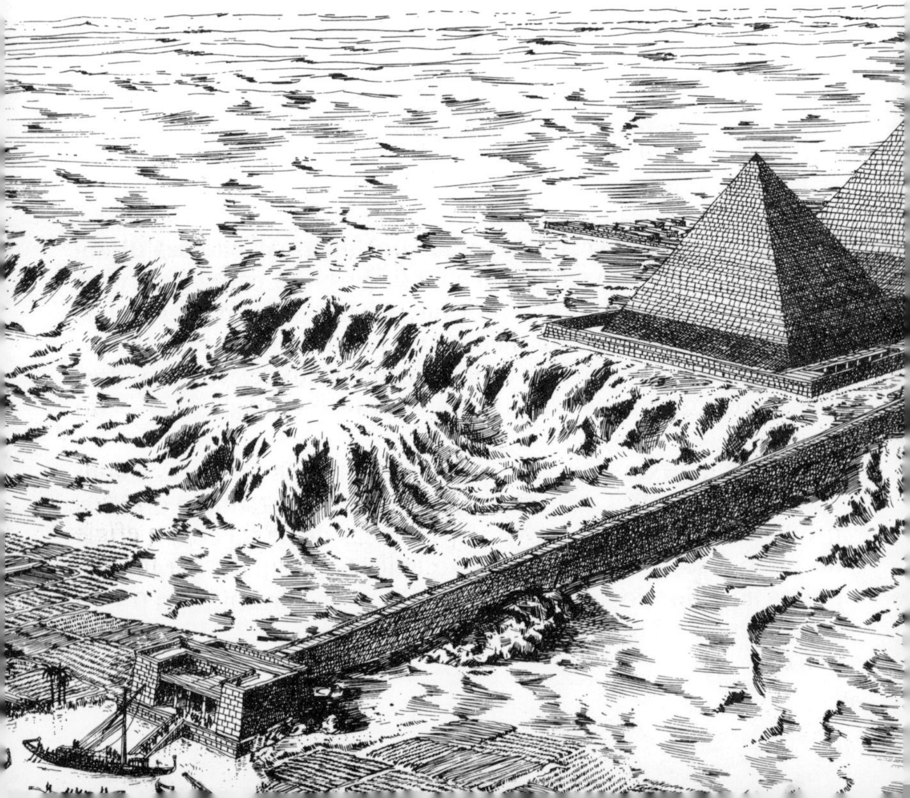

A preparação do corpo do faraó para seu enterro foi uma operação complicada, que levou mais de dois meses. Era absolutamente necessário que o corpo fosse conservado de maneira perfeita e, por isso, foi mumificado. Cada fase desse trabalho foi acompanhada de cerimônias religiosas adequadas. Primeiramente, o corpo foi enviado aos embalsamadores, estabelecidos perto do Templo do Vale.

Estenderam-no sobre uma grande mesa em torno da qual os sacerdotes podiam deslocar-se à vontade. O cérebro, dissolvido por um líquido especial, foi retirado pelas narinas através de ganchos finos. Depois, o fígado, os pulmões, o estômago e os intestinos foram retirados por uma incisão praticada no flanco esquerdo, antes de serem embalsamados e colocados em um vaso com tampa, chamado canopo. O coração permaneceu. Ressecado no sal, depois lavado, o corpo foi em seguida untado com bálsamos aromáticos e recoberto de resina. Purificado dessa forma, foi envolvido em vários lençóis de linho presos por faixas. Entre esses tecidos foram dispostos ornamentos religiosos feitos de ouro e pedras preciosas, e o corpo foi novamente recoberto de resina.

A múmia pronta foi transportada para o vestíbulo do Templo do Vale, onde foi celebrada a cerimônia da "abertura da boca". Embora sua boca não tenha sido de fato aberta, nesse ritual o faraó recuperava, simbolicamente, a possibilidade de se alimentar, de falar e de se deslocar — todas coisas indispensáveis no além-túmulo.

Alguns dias depois, a múmia foi colocada em um ataúde de madeira e levada, pela calçada de acesso, até o pátio do templo mortuário. Após algumas oferendas e novas preces, ela foi posta em uma espécie de trenó decorado e içada por uma rampa provisória construída entre a face norte da pirâmide e o temenos.

Na entrada do túnel, os sacerdotes encarregaram-se do ataúde e levaram-no para a câmara funerária. Fizeram com que descesse até o sarcófago, que foi lacrado por uma pesada tampa de granito. Em seguida, os 4 canopos foram colocados em um baú de madeira aos pés do sarcófago. Encheu-se o resto da câmara e os depósitos com alguns objetos que o faraó havia utilizado durante sua vida e dos quais teria necessidade no outro mundo: roupas, móveis, jóias, armas, alimentos e até jogos para se distrair.

Após terem abençoado o túmulo e seu ocupante pela última vez, os sacerdotes deixaram a pirâmide, abaixando atrás de si as portas corrediças. Em seguida, vários blocos de granito foram introduzidos, um a um, no túnel. O próprio Mahnud Hotep supervisionou a cerimônia, celebrada quando foi encaixado o último bloco de fôrma, escondendo para sempre sua entrada.

Desmontada a rampa provisória, a residência eterna do faraó estava concluída. Seu corpo sagrado repousava protegido por uma montanha perfeita, erigida por milhares de homens e que comportava mais de dois milhões de blocos de pedra.

Glossário

ALABASTRO: pedra muito fina e translúcida.

ARGAMASSA: mistura de areia, cal e água, utilizada sobretudo como lubrificante para facilitar o deslocamento das pedras mais pesadas.

BA: os egípcios acreditavam que toda pessoa possui uma alma — o ba — que continua sobre a terra após a morte e descansa à noite em seu corpo.

BASCULADOR: estrutura de madeira sobre a qual são postos os blocos de pedra para facilitar sua colocação.

BLOCOS DE FÔRMA: pedras colocadas no exterior da pirâmide e polidas de maneira a brilhar intensamente.

BLOCOS DE PREENCHIMENTO: blocos colocados nos degraus do núcleo central e recobertos, em seguida, pelos blocos de fôrma.

BLOCOS DE REVESTIMENTO: o mesmo que blocos de fôrma.

CAMADA: fileira de pedras colocadas horizontalmente.

CANOPO: vaso funerário no qual eram colocados os órgãos do corpo após terem sido embalsamados.

CAPITEL: parte larga e decorada do topo das colunas, sobre a qual repousam as traves de um teto.

CALÇADA DE ACESSO: passagem coberta que liga o Templo do Vale ao templo mortuário.

COMPLEXO FUNERÁRIO: conjunto de túmulos e de templos ligados uns aos outros, construído na margem ocidental do Nilo; vasto cemitério onde os mortos eram venerados.

CÔVADO: medida de comprimento empregada pelos egípcios, que representa a distância do cotovelo até a extremidade do dedo médio, equivalente a cerca de 50 centímetros.

DOLERITE: pedra extremamente dura, utilizada para moer o granito e o calcário.

EMBALSAMAR: encher um cadáver com substâncias aromáticas para preservá-lo do apodrecimento.

FIO DE PRUMO: fio com uma bola de chumbo que indica exatamente a vertical.

KA: duplo imaterial de uma pessoa que, após a morte, viaja entre a terra e o outro mundo.

MASTABA: pequeno túmulo retangular, com paredes em declive, que contém uma capela para as oferendas e uma estátua do defunto, enterrado no fundo de um poço.

MUMIFICAÇÃO: operação destinada a preservar um cadáver e seus órgãos vitais através do embalsamamento.

PARAMENTO: lado visível de uma pedra.

PEDRA DE CHAPÉU: pedra em forma de pequena pirâmide colocada no topo da pirâmide.

PORTAS CORREDIÇAS: portas de correr feitas de lajes de granito colocadas entre duas ranhuras; fecham a entrada do túmulo do faraó após seu enterro.

RESINA: substância proveniente de certas árvores e arbustos, utilizada para recobrir um cadáver e evitar a sua decomposição.

SARCÓFAGO: ataúde de pedra no qual o caixão de madeira com a múmia do faraó era colocado.

TEMENOS: muralha de 18 côvados de altura que cerca a base da pirâmide a uma distância de 18 côvados.

TEMPLO DO VALE: templo situado nas margens do Nilo, destinado a receber o barco funerário do faraó.

TEMPLO MORTUÁRIO: templo unido à pirâmide, no qual eram celebradas diversas cerimônias antes que o corpo do faraó fosse colocado na pirâmide. Esse templo servia também de moradia para o ka.